Petites puces

Petites puces dans le cœur d'un homme
Dansent autour d'un feu en chantant
Dans une ronde qui est un peu comme
L'hymne au bonheur d'être parents

Petites puces dans le cœur d'un père
Brillent plus que l'éclat du diamant
Diffusent tout autour la lumière
Qui me fera devenir grand

Petites puces dans les yeux d'un homme
Redonnent force courage et espoir
Comme un refrain qui est en somme
Une fête de l'amour et sa gloire

Petites puces dans les yeux d'un père
Usent de leurs pouvoirs comme des fées
Deviennent l'oasis du désert
Où leur papa s'est égaré

Mes petites puces au regard bleu
Vous êtes mes ailes mon seul abri
Je vous aime autant toutes les deux
Vous êtes le souffle de ma vie…

19/04/2002

À ceux

À ceux qui sont partis
Qu'on ne reverra plus
Ceux que la corde a pris
Ceux qui se sont pendus

À ceux qui ont tranché
Eux-mêmes leurs propres veines
Ceux qui se sont cramés
Pour oublier la peine

À ceux qui ont osé
Aller au fond des choses
Qui se sont injectés
La mort par overdose

À tous ceux qui s'endorment
Qui ne se réveillent pas
Grâce aux cocktails énormes
Tranxène et Séresta

À ceux qui ne mangent plus
Que la fin met en grève
Et qui ont disparu
Sans gêner la relève

À vous mes frères de larmes
Que l'Enfer a détruit
J'aurai toujours les armes
Pour parler de vos vies…

25/02/2002

4

Sur le chemin

Je marche sur le chemin
D'une liberté mirage
Mais il n'y a rien au loin
Et tout au long l'orage

Je marche et plus j'avance
Plus je croise le malheur
Le dépit la souffrance
Qui me frappent en plein cœur

J'ai dit trop de paroles
Qui n'étaient que mensonges
Ce que je vois m'affole
Ce que je vis me ronge

J'avais fait taire mes doutes
Mes peurs et mes angoisses
Mais ce qui jonche ma route
Fait que mon sang se glace

Je marche sur le chemin
Mais j'ignore jusqu'à quand
Je ne crois plus en rien
Et je meurs en dedans

Je marche sur le chemin
Et je mords sa poussière
J'ai combattu en vain
J'ai perdu toutes les guerres…

06/03/2001

5

Passager clandestin

Passager clandestin
Il est long le chemin
Ma vie dans d'autres mains
Plus rien ne m'appartient

Passager clandestin
Je suis dans le navire
Sans y être quelqu'un
Un numéro ou pire

Passager clandestin
Je paye toutes mes erreurs
Je n'ai donc droit à rien
Si ce n'est la douleur

Passager clandestin
On l'est tous en ces murs
Cela nous mène à rien
Passager de l'obscur

Passager clandestin
Nul ne fera mon deuil
Si je m'éteins demain
Le silence pour linceul…

23/09/2001

J'ai appris

J'ai appris la souffrance
Dans les yeux de l'absence
J'ai appris la méfiance
Les abus de confiance
J'ai appris à donner
Sans jamais rien compter
La triste réalité
Ivre de pauvreté
J'ai appris la patience
Et la persévérance
Même quand les murs immenses
M'enferment dans le silence
J'ai appris à parler
À dire la vérité
À force de volonté
Je ne sais plus tricher

J'ai appris la douleur
Et les jours qui font peur
Les trop futiles rancœurs
Le poids de mes erreurs
J'ai appris à bannir
La lâcheté des sourires
Pour ne plus en souffrir
J'attends toujours le pire
J'ai appris sans honneur
À me connaître par cœur
À gérer le malheur
Pour être à la hauteur
J'ai appris à guérir
seul avec mes délires
Je crois en l'avenir
J'ai plus peur de mourir…

17/07/2002

L'encrier

Il y a du sang dans l'encrier
Là où ma plume va se noyer
Car contre le fléau des maux
Pour plus de poids j'écorche les mots
Que saignent les phrases sur le papier
Qu'importe c'est la sève des martyrs
Que pleurent les lignes ensanglantées
Qu'importe elles témoigneront du pire
Il y a du feu dans l'encrier
Là où ma plume va se brûler
Je me consume à cause des maux
Pour le crier j'enflamme les mots
Que brûlent les yeux des incrédules
Qu'importe ils paient leur ignorance
Que nos souffrances ils accumulent
C'est le prix de l'indifférence
Il y a du vide dans l'encrier
Là où ma plume va s'assécher
Pour ne pas dénoncer les maux
«Ils» ont tout fait pour taire mes mots
Que se brisent mes ongles sur les murs
Qu'importe je dois laisser une trace
Que mon cadavre soit une injure
Qu'importe la mort a de la grâce
Il y a mon sang dans l'encrier
Ma plume ne doit pas s'arrêter
Par ma vie je payerai les mots
S'il le faut pour vaincre les maux
Que se vident mes veines mes artères
Qu'importe bien d'autres sont tombés
Si la paix gagne un jour la guerre
Mes mots pourront cesser de saigner…

10/12/2001

J'écris

J'écris mes peurs
J'écris mes doutes
J'écris mes pleurs
J'écris mes routes

Sur la page blanche
De ma vie noire
J'écris en tranche
Mon désespoir

J'écris sur moi
J'écris sur tout
J'écris sans joie
J'écris surtout

Sur la page vide
De ma vie pleine
J'écris les rides
De toutes mes peines

J'écris les mots
De mon destin
Pour que le beau
Renaisse demain...

07/09/2010

Paradoxe

J'ai envie de prendre
Et d'appartenir
Envie de comprendre
Et de ressentir

J'ai envie de croire
Aussi de douter
Envie de savoir
Envie d'ignorer

J'ai envie d'être seul
Et accompagné
Envie de coups de gueule
Et de la fermer

J'ai envie d'aimer
Aussi de haïr
Envie d'encenser
Et de tout maudire

J'ai envie de voir
De fermer les yeux
Envie de pouvoir
Le pire et le mieux

J'ai envie d'envie
De rien et de tout
J'ai envie d'envie
D'être en vie surtout…

20/03/2002

Le caméléon

Je suis parfait caméléon
Nul ne peut voir ne peut savoir
Ce que je pense vraiment au fond
Ce que je veux ou non bien croire

Je suis parfait caméléon
Pour rire quand je devrais pleurer
Je sais aussi être très con
Ou invisible sans me cacher

Je suis parfait caméléon
Je me fonds même dans le silence
Mes cris d'angoisse sortent sans son
Ma présence se change en absence

Je suis caméléon le jour
Mais le suis encore plus la nuit
Dans l'obscurité qui m'entoure
Je suis toutes ces ombres qui me fuient

Je suis parfait caméléon
Seul mon regard peut me trahir
Reflets de mes vraies émotions
Mes yeux ne savent pas mentir...

16/08/2001

L'instinct

Trop dur de faire un choix
Sur ce qu'on aime ou pas
Sur des initiatives
Qui se veulent positives
Toutes les résolutions
N'ont pas pour vocation
Le talent et l'audace
Quand la vie nous menace

Des gens imprévisibles
Des lieux inaccessibles
Des rires inespérés
Des yeux insoupçonnés
Des images jamais vues
Des amours imprévus
Il guidera mes pas
Je vais où il ira

C'est lui seul qui me guide
Chaque heure chaque minute
Je le suis dans le vide
Vers le haut vers la chute
L'instinct m'est primordial
Et me pousse par rafales
Hors de la noire spirale
De l'enfer carcéral

L'instinct crée mes amis
L'instinct aime mes amours
Il me sort des ennuis
Et m'ouvre de nouveaux jours…

19/07/2001

Quelques jours

Je ne vous demande pas des choses inaccessibles
Mais après tous ces mois ces années illisibles
Et ces longues nuits d'attente de peines indescriptibles
Peut-être pourriez-vous tester mon âme sensible

Je n'implore aucune grâce je n'aime pas les faveurs
Mais pour vous prouver que j'ai compris mes erreurs
Et aussi vous montrer les reflets de mon cœur
Peut-être pourriez-vous me faire confiance sans peur

Quelques jours quelques heures de bonheur extérieur
Quelques jours une lueur l'avenir est ailleurs
Quelques jours près des miens dans un monde d'humains
Quelques jours dans leurs mains et je reviens demain

Je ne sais plus pleurer je n'aime pas réclamer
Mais je veux assumer le poids de mon passé
Et pour tout appliquer et pas recommencer
Peut-être pourriez-vous m'accorder trois journées

Je ne sais pas prier je suis impardonnable
Mais j'ai appris le sens du terme "raisonnable"
Et pour mettre à profit mes progrès immuables
Peut-être pourriez-vous me présumer capable

Quelques jours quelques heures de bonheur extérieur
Quelques jours une lueur pour un futur meilleur
Quelques jours près des miens pour resserrer les liens
Quelques jours dans leurs mains pour de vrais
lendemains…

10/09/2003

Murs

Vous auriez tant à dire si vous pouviez parler
Exprimant les soupirs de tous les enfermés
Faisant entendre "dehors" les sanglots étouffés
Les souvenirs perdus de tous les prisonniers

Vous pourriez témoigner de l'inhumanité
Des souffrances imposées à tous ces hommes blessés
Et sans cesse répéter à notre société
Tous les cris déchirés que l'on veut lui cacher

Oui c'est sûr vous pourriez les abus dénoncer
Les tortures infligées vous les raconteriez
Par vos mots avisés vous nous protégeriez
Et des morts inutiles vous pourriez éviter

Vous avez des oreilles il vous manque la parole
Pour dévoiler tout haut tout ce que vous savez
Afin que tout le monde sache que dans ses geôles
L'état transgresse ses lois mais n'est pas condamné…

30/03/2003

Mais qui pourra leur dire

Mais qui pourra leur dire
Que depuis l'intérieur
Les nuits sont sans avenir
Y compris dans mon cœur
Que depuis l'intérieur
La vie n'a plus de sens
Que seuls les rêves meurent
Sans briser le silence

Mais qui pourra leur dire
Que je ne crois plus en rien
Qu'ici tout peut mourir
Le vide est assassin
Que derrière mes sourires
Il y a tant de souffrances
Que j'imagine le pire
Comme ultime délivrance

Mais qui pourra leur dire
Qu'au mieux je garde les traces
Bien plus qu'en souvenir
Des coups que rien n'efface
Qu'en moi les meurtrissures
Seront toujours plus grandes
Que l'ombre de ces murs
Et l'enfer qu'ils répandent

**Mais qui pourra leur dire
Ce qu'ils ne veulent pas voir
Personne ne veut leur dire
Qui pourrait bien y croire…**

22/01/2000

Les mots

Quand la roue tourne dans le mauvais sens
Quand la joie fait place à la haine
Quand l'insécurité avance
Quand la violence est quotidienne
Quand toutes les couleurs sont noires
Quand le courage vient à manquer
Quand même l'envie n'a plus d'espoir
Quand les sourires sont simulés
Les mots sont là
Sur le papier
Au bout des doigts
Pour préserver…

Quand la souffrance devient gênante
Quand la confiance a disparu
Quand la menace est permanente
Quand même les rêves ne suffisent plus
Quand le moral est à zéro
Quand l'humiliation est logique
Quand le bonheur est en morceaux
Et quand l'amour est utopique
Les mots sont là
Sur le papier
Au bout des doigts
Pour préserver
Le peu de paix
D'humanité
Que l'on devrait
Tous partager…

13/01/2001

La seule

Sous mes doigts tu chuchotes
Des airs des mélodies
Aussi quelques fausses notes
Et des rythmes de folie

Tu traduis en musique
Mes sentiments cachés
Tu connais la technique
Qui sait me faire parler

Tu comprends mes messages
Et devines mes secrets
Et même en plein orage
Tu m'aides à rester vrai

Tu m'es toujours fidèle
Même quand je me déteste
Et quand le blues m'appelle
Pour moi tu fais le reste

T'es toujours là pour moi
Même la nuit quand j'ai froid
La seule qui me supporte
Même quand le temps m'emporte

Tu as confiance en moi
De ma voix à mes doigts
Et tu me réconfortes
La seule qui me supporte…

27/11/2001

J'ai tout gâché

Ma drogue c'était tes rires
Mon pays ton regard
Ma détresse tes soupirs
Ta gaîté mes espoirs

Par ton unique présence
J'oubliais mes malheurs
D'avoir pendant l'enfance
Été seul bien trop d'heures

C'était entre mes mains
Comme un bien si précieux
Dont il faut prendre soin
La prunelle de tes yeux

Et dans tes beaux sourires
Je voyais au soleil
Briller à m'éblouir
La plus belle des merveilles

Ce dont j'avais rêvé
Était là devant moi
Ce que j'avais souhaité
Était là juste pour moi

Ce n'était pas un rêve
Encore moins un mirage
Un soleil qui s'élève
Pour oublier l'orage

**Comment croire aujourd'hui
Que ce sont mes seules mains
Qui ont anéantit
Ce chef-d'œuvre certain**

Comment ne pas vouloir
Monter sur l'échafaud
Alors que chaque miroir
Ne me montre qu'un salaud

Nul besoin d'avocat
Pour prouver l'innocence
Puisque rien n'effacera
Un soupçon de souffrance

Nul besoin de jurés
Pour établir mon sort
Le poids de mon passé
M'a condamné à mort

Nul besoin de bon dieu
Nul besoin de pardon
À vrai dire à mes yeux
Même l'Enfer est trop bon

Que mon corps méprisable
Soit jeté aux vautours
Que mon âme misérable
Erre sans paix pour toujours

J'ai tout gâché j'ai tout détruit
Par des mots des gestes et des cris
J'ai tout gâché j'ai tout détruit
Ne reste que mes larmes mes écrits...

Juin1999/Décembre 2001

Août en naufrage

Et j'ai repris la route
Avec filles et bagages
De ce cruel mois d'août
Il me reste la rage

La rage d'être sans doute
Un otage dans sa cage
J'assume ma déroute
Le cœur en plein naufrage

Un naufrage qui me coûte
Qui me fait perdre courage
Comme si ma vie dissoute
N'était que gaspillage

Gaspillage qui dégoûte
Et m'envoie dans la marge
La suite je la redoute
L'amour est un mirage...

22/01/2011

Ton dernier geste

Elle te l'avait bien dit mais tu l'as pas suivi
T'es tombé comme un con t'as glissé pour de bon
Elle t'aimait pour la vie mais tu lui as menti
Sans faire de concession tes veines comme obsession
Elle t'avait bien prévenu mais tu ne l'as pas cru
T'as choisi de partir plutôt que son sourire
Elle t'aurait soutenu mais tu l'as bien déçu
En préférant mourir pour des grammes de délire
Elle voulait te garder mais toi tu t'es grillé
En adulant cette peste t'as fait ton dernier geste
Elle t'aurait tout donné mais tu as tout flingué
Votre amour comme le reste t'aurais dû faire le test
Elle était avec toi pour la lutte le combat
Contre cette maladie traître qui agresse tout ton être
Elle voulait que tu sois l'heureux et fier Papa
De l'enfant qui va naître sans jamais te connaître
Maintenant tes murs sont hauts entourés de barreaux
Pour une seringue de trop tu n'es plus son héros
Comment t'as pu glisser sur cette pente brûlante
En t'injectant la mort de tes mains innocentes
Et tu te laisses aller tu préfères te marrer
Pour toi «y'a pas d'vaccins et les dés sont jetés»
À la trithérapie tu choisis de pourrir
Et pour ne plus souffrir tu décides de partir
Alors tu vas crever dans ton monde de béton
Tout seul euthanasié au fond de ta prison
En laissant ton enfant et ta femme et ta vie
Orphelins du silence dans lequel tu guéris...

24/01/2009

Tout change

Je mets des pulls en laine
Et j'ai les ongles qui poussent
Je lis aussi Verlaine
Son talent m'éclabousse

Je ris quand faut pleurer
Je m'applique dans mes cours
Je n'ai plus la télé
Je m'en passe c'est fait pour

Je ne dors plus la nuit
Et je méprise le jour
C'est vrai j'ai plus d'envies
Mais c'est pas pour toujours

Je marche comme un otage
Mais sans en avoir l'air
C'est peut-être l'avantage
De n'avoir plus à plaire

Tout change
On fait des choix
Qui se mélangent
Parfois

Tout change
On a des droits
Qui les dérangent
Pas moi...

29/12/2001

À la chaîne

J'ai tourné trop de pages
Pour quelqu'un de mon âge
Les unes inachevées
D'autres à peine entamées
Certaines sont raturées
Pleines d'anciennes certitudes
Que j'ai dû corriger
Tout comme mes attitudes

Des pages sont restées pures
Vierges de tous souvenirs
Subtiles traces de ruptures
Entre vivre et subir
Plusieurs sont ébauchées
Stoppées en suspension
Par l'étrange soudaineté
D'une profonde déception

Chienne de vie à la chaîne
Les jours courent et s'enchaînent
Dans le froid et la haine
Sur un rythme qui me gène
Chienne de vie à la chaîne
Les jours filent se déchaînent
Sans amour dans la peine
Et ma vie devient vaine

Les dernières sont tâchées
Par des larmes ou du sang
Ou les deux mélangés
Tout dépend du moment...

23/09/2001

23

En tôle

Un simple matricule
Ou juste une particule
Une poussière ridicule
Et ma vie qui recule

Marquée par cette misère
Où mon regard se perd
Lointain et solitaire
Pour toucher la lumière

Sourires artificiels
Qui me brisent les ailes
Et m'emmènent vers le ciel
Où l'Enfer m'interpelle

Dans mon coin étendu
De plus en plus perdu
Je n'existe même plus
Et personne n'a rien vu…

Je ne suis ni en bois ni en béton
Ni de marbre ni de plomb
Je suis en tôle
Juste en tôle

Je ne suis ni en pierre ni en laiton
Ni de glace ni de charbon
Je suis en tôle
Juste en tôle

Et personne n'a rien vu…

09/02/2001

Comme ça fait mal

Comme ça fait mal d'ouvrir son cœur
Pour ne voir que personne n'en veut
Silencieuse et profonde douleur
Qui ne supporte aucun aveu

Comme ça fait mal d'ouvrir ses yeux
Pour ne voir que le vide autour
Larmes inutiles fumée sans feu
Tout ça juste pour un peu d'amour

Comme ça fait mal d'ouvrir sa bouche
Pour ne voir qu'il n'en sort plus rien
Tous les mots sont couverts d'une couche
De glace épaisse que rien ne vainc

Comme ça fait mal d'ouvrir ses bras
Sans que personne vienne s'y blottir
Ça fait bien plus mal qu'on le croit
Ça donne parfois envie de mourir

Comme ça fait mal d'ouvrir ce livre
Qui n'est rien d'autre que la mémoire
Y voir que rien n'a pu survivre
Disparaître ses derniers espoirs

Mais malgré mon cœur et mes yeux
Malgré mes bras et ma bouche close
La suite de ce livre douloureux
Je la promets teintée de rose…

17/06/2000

25

La main sur le colt

J'ai plus rien à perdre
La main sur le colt
Cette souffrance de merde
A fait ma révolte
Je crève le destin
Des putains de balances
Je crache mon venin
Sur tout sur la France
J'ai plus rien à voir
La main sur le colt
Je brise les miroirs
Ils sèment je récolte
J'ai le goût du sang
Partout dans la bouche
J'écraserai longtemps
Ce qu'ils aiment ou touchent
J'ai plus peur de rien
La main sur le colt
Et mon cœur de chien
Crache du sang mille volts
Je ne baisse les yeux
Ni devant les rats
Ni devant les dieux
Ni devant les rois
Et si je dois craquer
Baisser un jour les bras
Je tirerai sans compter
Mais j'en garde une pour moi…

28/06/2000

Ô revolver

Ô revolver mon revolver
Donne-moi ta balle dans la tête
Fais-moi sortir de cet Enfer
Plus vite que la mort qui me guette

Sous ton feu brûle ma tempe fragile
Et brise sans peine ma boîte crânienne
Et fait que ma vie enfin file
Puisqu'elle n'a jamais été mienne

Ô revolver mon revolver
Aide-moi à vaincre le hasard
Qui m'a laissé seul sur cette terre
Traverse ma tête de part en part

Enferme-moi dans le silence
Je ne peux plus subir le vide
Et arrache-moi à mes souffrances
Par ce geste qu'on appelle suicide

Ô revolver mon revolver
En m'aidant tu seras maudit
Même si tu n'aurais rien pu faire
Sans l'aide de ma main avertie

Mais regardons les choses en face
Il n'y a vraiment rien d'autre à faire
Quand le mal de vivre vous terrasse
Ô revolver mon revolver…

11/06/1999

Samedi 29 mai 1999

Samedi en vain samedi noir
Zénith certain du désespoir
Aucun lendemain ne m'importe
Et de la mort j'entrouvre la porte

Samedi noir samedi en vain
Alors je décide de partir
Sans prendre conscience du chagrin
Que mes proches auront à subir

Samedi en vain samedi noir
C'est douloureux de ne plus croire
Si tout le monde pouvait comprendre
Sans avoir besoin de l'apprendre

Samedi noir samedi en vain
J'ai voulu briser le destin
Sans un regret de l'expérience
Sinon qu'elle me laisse la souffrance

Samedi en vain samedi noir
Était-ce un rêve ou un cauchemar
Dois-je être heureux d'être vivant
Je suis si mort parfois dedans

Samedi noir samedi en vain
Je ne jouerai plus du destin
Ce jour était la dernière fois
Parce que la vie est belle...parfois...

15/12/2001

La mort

Toi qui effraies les hommes
Et fais pleurer les femmes
Quand tu frappes sans vergogne
Pour t'emparer des âmes

Toi dont l'évocation
De la lourde présence
Ou bien seulement du nom
Force au profond silence

Toi qui n'a ni frontière
Ni race ni religion
Qui d'une froideur austère
Frappe même les nourrissons

J'ose te dire à quel point
Tu m'inspires le dégoût
Tout comme les assassins
Suspendus à ton cou

J'ose affirmer aussi
Que je serai debout
Quand tu hanteras mes nuits
Je resterai debout

J'ai joué avec toi
Comme avec un pantin
Je ne te crains même pas
Si ce n'est pour les miens

Passe me voir quand tu veux
Je serai toujours là
Et les yeux dans les yeux
On parlera de toi…

15/06/1999

Ma chère

Te souviens-tu ma Chère
Il y a quelques temps
Je t'implorais sincère
Te désirais vraiment

J'étais déterminé
Le cœur comme un aimant
J'aurais tellement aimé
Devenir ton amant

Je n'espérais que toi
Je n'attendais qu'un oui
Je comptais sur ta voix
Je te voulais à vie

Tu m'as trompé ma Chère
Sans me laisser une chance
Tu as fait ma misère
En toute indifférence

J'en ai pleuré la nuit
J'ai maudit le destin
J'ai souffert sans un bruit
Noyé par le chagrin

Je ne t'en voulu point
Oui tu avais raison
La vie est un chemin
Et vivre est une passion

Mais aujourd'hui ma Chère
Tu t'invites à ma table
Tu t'incrustes dans ma chaire
Dans mon sang vulnérable

Tu arrives un peu tôt
Fantôme antipathique
Je refuse ton cadeau
Futur énigmatique

Je n'ai pas peur de toi
Je te l'ai déjà dit
Tu ne t'en souviens pas
D'accord je le redis

"Passe me voir quand tu veux
Je serai toujours là
Et les yeux dans les yeux
On parlera de toi…"

01/07/2011

Je t'attends

Comme un enfant attend le Père-Noël
Comme un joueur attend d'être millionnaire
Comme la pomme attend sur Guillaume Tell
Comme un ivrogne attend un autre verre
Comme un champion attend une médaille d'or
Comme un voilier attend le souffle du vent
Comme un mourant attend que vienne la mort
Comme une princesse attend son prince charmant

Comme un rêveur attend de s'endormir
Comme un ministre attend la présidence
Comme le passé attend les souvenirs
Comme un otage attend sa délivrance
Comme un sniper attend de voir sa cible
Comme une femme attend d'être maman
Comme un croyant attend tout de sa bible
Comme un requin attend que passe un ban

Comme un coupable attend d'être blanchi
Comme un mendiant attend la charité
Comme un malade attend sa thérapie
Comme un taulard attend la liberté
Comme un artiste attend d'être populaire
Comme un juré attend qu'on le récuse
Comme un cadavre attend d'être sous terre
Comme un poète attend tout de sa muse

Moi je t'attends simplement je t'attends
Oui je t'attends patiemment je t'attends
Moi je t'attends sur mon banc je t'attends
Oui je t'attends tendrement je t'attends...

26/06/2011

Sans échappatoire

Personne n'échappe à rien
Surtout pas au destin
Encore moins à l'amour
Sans détour ni retour

J'échappe pas à la vie
À ses coups quotidiens
À l'absence mon ennemie
Mon caractère de chien

J'échappe pas aux silences
Les miens sont assassins
Aussi ma seule défense
Quand je crois plus en rien

J'échappe pas au hasard
Qui tue plus vite que tout
Caché dans les miroirs
Juste pour me rendre fou

Et j'échappe pas au temps
Qui passe et qui m'efface
Même si je suis absent
En moi rien ne s'efface

Non je n'échappe à rien
Si ce n'est à la mort
Qui me frôle chaque matin
Et me provoque à tort…

04/06/2002

Mes rêves

Quand d'autres rêvent de records
D'argent de médailles d'or
D'accomplir des efforts
Pour être les rois du sport

Quand d'autres rêvent de pouvoir
De monnaie et de gloire
Ou d'entrer dans l'histoire
Pour toujours pour un soir

Moi mes rêves sont faits de délices
De nos petites puces qui grandissent
Mes rêves ont tous pour apogée
Le retour à la liberté

Quand d'autres rêvent de victoires
De drapeaux d'étendards
De théories barbares
Pour prendre le pouvoir

Quand d'autres rêvent de l'audience
La plus forte des puissances
Que "notre" état finance
Grâce au peuple de France

Moi mes rêves sont faits de délices
De nos princesses qui grandissent
Mes rêves ont tous pour apogée
Un vie nouvelle sans barbelés…

21/04/2001

Le sourire des chimères

Un masque tout de verre
Toujours assez opaque
On voit rien à travers
Ni les coups ni les marques

Un masque qui inspire
Que ce qu'on en attend
De la joie un sourire
Rien de triste d'inquiétant

Un masque pour paraître
Que rien d'autre n'apparaisse
Avant de disparaître
Que personne ne se blesse

Un masque pour masquer
Nul ne peut démasquer
Nul ne le veut non plus
Les apparences ont plu

Le sourire des chimères
Aux faciès éternels
Est un masque de fer
Caché sous les dentelles…

06/01/2002

Les roses noires

Grandes sont les places pour ceux que J'aime
Vides sont ces places et mon cœur saigne
Trop silencieuses oniriques même
Et la souffrance en moi assoit son règne
Vaste est la distance qui nous sépare
Long est le temps qui me dévore
Même tôt sera toujours trop tard
Quelque chose en moi est bien mort
Nombreux auraient pu être les mots
Chaudes auraient été les paroles
Mais bien trop lourds sont tous mes maux
Comme des feuilles mortes l'espoir s'envole
Bleu aurait pu être le ciel
Les nuages chassés d'un seul geste
Mais quand l'orage se fait rebelle
L'avenir s'enfuit avec le reste
Repris tout ce qui fut donné
Ne subsistent que des absences
Comme une punition infligée
Peut-être par défaut de naissance
Brisés comme les liens du sang
Le mien se fige tout doucement
L'amour comme après une visite
S'en est allé la vie me quitte
Grande est la place pour celle que J'aime
Vide est cette place et mon cœur saigne
Trop silencieuse onirique même
Et la souffrance en moi assoit son règne

**Et sur toutes ces blessures qui m'égarent
Je jette une poignée de roses noires…**

16/04/2001

3

Bonnie & Clyde

Clyde Barrow et Bonnie Parker
Chasseurs de bonheur sur cette terre
Arpentent en moto la planète
Et s'emparent des choses les plus chouettes
Pour elle Clyde braque tous les convois
D'amour que les hommes mettent aux coffres
Les fourgons de fleurs et de joie
C'est pour Bonnie qu'ils se les offrent
Ils ont beaucoup à se donner
Car les autres leur ont tout volé
C'est un juste retour des choses
De dormir dans un lit de roses
Pas de répit rien n'est trop beau
Pour la moitié de Clyde Barrow
Ce qu'il y a de mieux sur terre
C'est pour la douce Bonnie Parker
Et qu'on les traite de tout de fous
Bonnie s'en moque et Clyde s'en fout
Ils s'aiment et au-dessus de tout
Ils s'aimeront jusqu'au bout…

Veux-tu être ma Bonnie Parker
Moi je serai ton Clyde Barrow
On fera le tour de la terre
À pieds en train ou en moto

Et qu'on nous traite de tout de fous
Si tu t'en moques moi je m'en fous
On s'aimera au-dessus de tout
Notre amour vivra jusqu'au bout…

03/08/1999

Même jour et même année

Même jour et même année
En même temps nous sommes nés
Un jour avant l'été
Naissances synchronisées
Même jour et même année
Juste après les pavés
Décennie révoltée
Nos vies ont commencé
Même jour et même année
Mais pourtant éloignés
L'Océan à tes pieds
Sous mes yeux l'Est glacé
Même jour et même année
Mariés puis séparés
Deux enfants adorés
Chacun de son côté
Même jour et même année
Tant d'épreuves surmontées
Et d'un "clic" destiné
Enfin nous rencontrer
Même jour et même année
Aujourd'hui nous sommes liés
Famille recomposée
Bonheur bien mérité
Même jour et même année
Un vrai conte de Fée
Encore tant à s'aimer
Et tout à partager…

12/03/2009

L'ex-pantin

Je n'étais qu'un pantin de chair
Ne valant hélas pas bien cher
Un pantin couvert de poussière
Et remplit de pensées austères

Je n'étais qu'un pantin de bois
De vieux copeaux ça va de soi
Trop désarticulé parfois
Et tellement creux et maladroit

Je n'étais qu'un pantin de verre
Bien plus fragile qu'il n'en a l'air
Avec une tête pleine de bulles d'aire
Et un cœur écorché sévère

Je n'étais qu'un pantin de terre
La plus inféconde des misères
Aride et sèche une terre lunaire
Où rien ne pousse un vrai désert

Je n'étais qu'un triste pantin
Seul orphelin de toutes les mains
Mais tu as changé mes "demain"
Grâce à toi je me sens si bien…

23/04/2011

J'étais perdu

J'étais perdu et dans le noir
Plus rien derrière ni rien devant
Mon image blême dans le miroir
Et trop de larmes dans mon sang

Mais un jour tu as répondu
À mes appels mes S.O.S.
Et mes silences jamais voulus
Je te les donne je les confesse

Autant ma mère m'a mis au monde
Autant tu m'as redonné vie
Moi qui croyais celle-ci immonde
En te lisant elle me sourit

Toute la fierté que je n'ai pas
Tu sais la faire naître et pousser
Tous les espoirs que je n'ai pas
Tu sais me les faire adopter

Toute cette haine que j'ai pour moi
Tu sais me la faire oublier
Et chaque fois que je tombe trop bas
Tes mots me font me relever

Grâce à toi je peux donner vie
À des rêves que j'avais banni
Grâce à toi je vois l'avenir
Chaque jour un peu plus devenir

Tu es l'aspirine de ma vie
Et même sans ailes tu es un ange
Gardienne de mes rêves et amie
De mes jours obscurs tu me venges

Et même s'ils nous ont séparés
Pas pour longtemps c'est provisoire
Nos liens nous ont déjà soudés
Et nos deux puces le font savoir

Alors si tu penses que c'est moi
L'ange le gardien ou l'aspirine
Puissent ces pensées te faire à toi
Autant de bien qu'elles me destinent

Au-delà de tout avenir
De réussite de devenir
J'ai déjà réussi ma vie
Puisque je t'ai toi comme amie

Et au-delà de toute conscience
De ce que "l'Homme" croit et du reste
J'écris aujourd'hui comme je pense
Que nos liens sont extra-terrestres

J'étais perdu mais dans le noir
J'ai aperçu plus qu'une lumière
Et si tu ne peux pas me croire
Que te l'apprennent ces quelques vers...

17/03/2002

Urgence

Pas besoin de Clooney
Pour voir qu'il y a urgence
Qu'il faudrait se parler
Tout mettre dans la balance
Et peser sans compter
Ce que de nous l'on pense
Afin que sans regrets
Dans nos vies on avance
Il me faut tes questions
Qui me font veiller tard
Juste une conversation
Une suite à notre histoire
Sans se faire de fiction
Ni même de faux espoirs
Pour les révélations
Il n'est jamais trop tard

On peut continuer
Sans prendre d'engagements
Se dire la vérité
En souvenir d'avant
Et loin de tous projets
En laissant faire le temps
On pourrait partager
Unir nos sentiments
Je vais partir bientôt
Pour quelques temps à Fresnes
Tout seul sur un radeau
Dont les rames sont ma haine
Avec un lourd fardeau
Qui amplifie ma peine
Mais qui grâce à tes mots
Serait doux comme la laine…

22/05/2002

Emmuré

Je mure toutes les entrées
De mon âme à mon cœur
Par du béton armé
Armé de mes douleurs

Personne ne peut entrer
J'ai perdu mon bonheur
Y'a plus rien à piller
Et j'aime pas les squatters

Je mure toutes les entrées
Et les sorties de secours
Juste pour protéger
Mes vestiges de l'amour

De mon cœur mutilé
Je ferai un autel
Où seront sacrifiées
Mes pensées les plus belles

Je mure toutes les entrées
Les portes et les fenêtres
Et ainsi protégé
Rien ne pourra paraître...

17/04/2002

Petite douleur

Petite douleur au fond de moi
Que j'endors mais qui ne meurt pas
Douleur invisible dans mon cœur
Existe ne saigne qu'à l'intérieur

Petite douleur pleure en silence
Pour ne pas partager ses larmes
Et dans sa profonde inconscience
Suicide son porteur par ses armes

Douleur sans but ni origine
Grandit toujours jour après jour
Sans que personne ne le devine
Sans que personne ne fasse rien pour

Petite douleur que rien n'apaise
A rongé la joie et l'espoir
Dans la tristesse est à son aise
Et partout ne veut que du noir

Douleur qui vivra jusqu'au bout
N'aura pas brisé les secrets
Et aura eu raison de tout
Car même la vie n'a plu d'effet

Petite douleur au fond de moi
S'est endormie part avec moi
Douleur invisible dans mon cœur
A fait le vide à l'intérieur…

05/06/2001

Ne plus croire

J'ai voulu croire je ne crois plus
Que quelque chose puisse naître en moi
Un sentiment inattendu
Et qui m'aurait mis en émoi

J'ai souvent œuvré en ce sens
Même quand tout était contre moi
Cela depuis ma tendre enfance
J'ai dû abandonner parfois

Chaque fois que j'ai chuté à terre
Je me suis relevé plus fort
Pour mieux remordre la poussière
À quelques pas d'être à bon port

Je n'ai plus l'âme d'un grand guerrier
Mais plutôt celle d'un jeune enfant
Je ne peux pas toujours lutter
Pour laisser vivre mes sentiments

Pendant que j'en prends dans la gueule
C'est mon cœur qui garde les traces
Désormais je veux rester seul
Afin que prenne doucement la glace

J'ai voulu croire je ne crois plus
À la longue ça fait bien trop mal
J'ai usé mon cœur tant et plus
Qu'aujourd'hui ça lui est fatal…

10/12/2001

Confiance

Mes mots vont me guider
Me sortir de ce gouffre
Ils vont me déchaîner
Ils sentent si bon le soufre

J'écris avec entrain
Le clos des indécis
Et toujours au matin
Renaissent mes envies

Mon aiguille est à l'heure
Au rodéo des mots
Que j'accumule rageurs
Que j'empile en écho

À l'envers du silence
En sulfates d'amertume
Je garde encore confiance
Et crédit en ma plume...

03/10/2010

Pimprenelle a du courage

Comment fais-tu jeune fille
Pour supporter ce frère
Qui à son peuple sourit
Mais trahit par derrière

Ce roi des appâts rances
Nabot à talonnettes
Hypocrite en puissance
Miroir aux alouettes

Petit Napoléon
Qui se prend pour un saint
Mais qui imite le front
Et son borgne assassin

À coup de fausses promesses
Et de "travailler plus"
Il ment avec adresse
Ce tyran ce gugusse

Il sème sa poudre aux yeux
Cupide marchand de sable
Nounours dans ses cieux
A dû péter les câbles

Que tu es courageuse
Face au chef de patrie
Même si ta vie heureuse
Une belle-sœur l'a brunie…

04/05/2009

47

Sans état d'âme

Comme toi maître des mots
Mettre mes maux au mètre
Contre traîtres en démo
Qui nous mettent thermomètre

Et leurs œuvres sans valeur
Qu'ils avalent en hors-d'œuvre
De couleuvres avaleurs
Ne valent que déchet d'œuvre

Ils crient "démocratie"
Des mots crasse si criants
Cris qui se moquent des "si"
Des maux râles s'écriants

Justes avides de fortune
De thune forte si livide
Vide-ordures sont vos urnes
Burnes arides dans lits vides

Baveurs sans état d'âme
Amants d'état bavent heurts
Vos tas de bave déclament
L'infâme d'un "et ta sœur"...

01/12/2010

Les coursives de la mort

Aux États-Unis les couloirs
Y mènent toujours directement
Et tout le monde le fait savoir
Par des coups de gueule en s'indignant

Mais ici aussi on y crève
Comme des enfants abandonnés
Alors l'espoir se met en grève
Et nos vies sont assassinées

Parce que l'oppression est subtile
La mort officie discrètement
Parce que nos vies y sont futiles
Nos décès le sont tout autant

Mais malheureusement nos couloirs
Ne mènent nulle part de toute façon
Pas la peine de le faire savoir
Tout le monde s'en fout à l'unisson

Tant que les coursives permettront
De laisser passer les brancards
Donnez-moi une seule bonne raison
De croire qu'on peut changer l'histoire

Quand la vie deviendra un droit
La mort ne sera plus un choix…

08/10/2001

La fosse aux traîtres

Un matin le ciel saignera
Et le sol beaucoup plus encore
Jonché de traîtres et de rats
Ensemble réunis dans la mort

Parce qu'il n'y a pas pire infamie
Que certaines paroles certains actes
La vengeance sera mon amie
Comme un pari j'en fais le pacte

À qui assassine la confiance
À qui prostitue l'amitié
Les liens du sang à la potence
Les meilleurs amis fusillés

À qui se fout de la bonté
Fait fi de la reconnaissance
Poignarde et piétine le respect
Pour s'adonner à l'arrogance

À tous ceux à qui tout profite
Passés maîtres en hypocrisie
Et à ceux qui de tout profite
Spécialisés en perfidie

À ceux qui jugent vos moindres gestes
Qui étaient des vôtres hier encore
Mais qui savent retourner leur veste
Quand on leur parle d'argent ou d'or

À ceux pour qui vous n'êtes rien
Mais qui vous persuadent du contraire
Parce que les balances penchent si bien
Sous les louanges et les chimères

À tous ces gens et à bien d'autres
Que l'honneur m'empêche de nommer
Ce jour sanglant sera le nôtre
Nous serons alors réconciliés

Je maudirai comme il se doit
Vos charognes qui fumeront encore
Et je cracherai une dernière fois
Sur vos paillasses servant de corps

Ensuite chaque année je fêterai
Ce jour sacré à tous jamais
En allant simplement pisser
Sur la fosse où vous pourrirez....

23/08/2001

Ils

Ils se prennent pour des conquérants
Des dirigeants des dominants
Ils se prennent pour des prédateurs
Des têtes pensantes ou des meneurs

Ils se croient loups dans la prairie
En sommes-nous pour autant moutons
Ils se croient régents de nos vies
Même morts à leurs yeux nous vivons

Ils se croient rapaces dans un ciel
Où nous volons bien plus haut qu'eux
Ils croient faire la pluie et la grêle
Rien de tout ça n'éteint nos feux

Ils croient détenir le pouvoir
C'est le pouvoir qui les détient
Pire encore ils croient tout pouvoir
Rien de ce qu'ils peuvent nous atteint...

17/04/2008

Les loups

Ils aboient dans l'émeute
Comme les loups dans la meute
Ils protègent leur foutoir
Les loups leur territoire

Et quand le jour s'endort
Ils sortent de leur tanière
Pour hurler à la mort
Dans les rues les clairières

À l'approche de leur proie
Qu'ils ne traquent qu'à plusieurs
Ils grognent et ils tournoient
Comme les pires prédateurs

Et quand ils sentent le sang
Ils deviennent pire que fou
Leurs yeux brillent vicieusement
Et leurs crocs claquent d'un coup

Quand l'un est animal
Et que l'autre ne l'est pas
Lequel reste normal
C'est l'animal je crois

Quand l'homme devient une bête
Le loup devient agneau
Ce que l'homme a en tête
Est pire que tous les maux…

23/06/1999

Les hyènes

Derrière la jungle des barbelés
J'ai vu la haine j'ai vu les hyènes
Qui savent sur nos corps rigoler
Et l'indifférence se déchaîne

Ce n'est pas une honte de pleurer
Mais pour les hyènes c'est plus la peine
Pour vivre elles ont dû tout donner
Toujours au bout de toutes les chaînes

Autour de moi tournent les hyènes
Oui mais l'heure n'est plus à la peur
Car il n'y a plus rien qui me gène
J'ai mal et je deviens des leurs

Je ne sais pas rire comme les hyènes
Je suis une espèce silencieuse
De toute façon quoi qu'il advienne
La hyène rit mais n'est pas heureuse

Vie de hyène vaut bien chienne de vie
Enragée sans aucun remède
Hyène sans jamais l'avoir choisi
Sous les coups même le bon sens cède...

05/01/2002

Les moissons assassines

C'est le temps des moissons
Des moissons assassines
Les plus pauvres tomberont
Dans un râle qu'on devine

La moissonneuse-batteuse
Vrombit déjà au loin
D'une voix ténébreuse
Corrompue à dessein

C'est le temps des moissons
Hâtons-nous âmes maudites
De devenir moutons
Ou gare à la vindicte

La moissonneuse est là
Oublions nos prières
Elle exécute «leurs» lois
Et nous mène en Enfer

C'est le temps des moissons
Des moissons assassines
La «crise» nous donne le ton
Même le soleil s'incline

C'est le temps des moissons
«Ils» récoltent nos efforts
Alors ensemble semons
La révolte des moins forts...

13/03/2002

Divagation

Trop triste le sort qui m'est échu
M'affaler ainsi dans les douves
De cette fourmilière corrompue
Et de la perfidie qu'elle couve

Quelle divinité insipide
A pris ma carne sous son égide
Moi incorruptible hérétique
Aux paroles fielleuses diaboliques

Quelle dérive m'a donc dévoyé
Au point d'en être un puits de haine
Cassus belli des écorchés
Hallali de la mauvaise graine

Dans le cloaque de leur donjon
Je transsude la révolution
Mais les sbires vénaux du pouvoir
Mettent tout en œuvre pour me faire choir

Décidé à ne pas plier
Et à ne rompre en aucun cas
Je me relèverai même damné
Et pourfendrai les scélérats

En attendant je divague las
Dans la pléthore de mes souffrances
Soumis à ma propre omerta
J'attends vainement ma délivrance…

23/04/2001

Un cri dans l'océan

Un cri dans l'océan
Rebondit sur les vagues
Un cri dans le néant
Sur les récifs divague

Sur la voie du silence
Tous les cris se déchirent
Et partent dans tous les sens
En de profonds soupirs

Un cri dans l'océan
Se brise sur les rochers
Dans l'écume se répand
Et fini ensablé

Sur la voie du silence
Beaucoup de cris s'affalent
Et dans tout ce non-sens
La voix leur est fatale

Un cri dans l'océan
S'épuise sous les orages
Souffre des vents violents
S'échoue sur le rivage

Sur la voie du silence
Tous les cris se sont tus
La voix est une offense
Le silence l'a rompu…

07/01/2002

Une illusion

Une illusion comme un mirage
Toutes les pensées toutes les images
Le fait de croire qu'on est tous sage
Et que la vie est un partage
Une illusion d'la poudre aux yeux
Tous les mensonges tous les aveux
On croit qu'on fait ce que l'on veut
Et qu'ailleurs tous les ciels sont bleus

Une illusion juste des paroles
Auxquelles on croit tous volontiers
Une illusion des vies de rôles
Auxquelles on se plie sans broncher

Une illusion tous ces écrits
Ces lois ces bibles ces règlements
Vident comme ceux qui les ont commis
Leurs mots rejoignent l'inconsistant
Une illusion cet avenir
Que l'on espère toujours plus rose
L'espoir nous fait-il moins souffrir
Peut-être mais gare à l'overdose

Une illusion ce n'est plus drôle
Ils nous exploitent sans nous payer
Une illusion froide comme la tôle
Ils nous ont tous apprivoisé

Une illusion des illusions
Le pluriel est plus réaliste
Pour finir la désillusion
S'empare de tout et seule subsiste....

23/08/2001

Fermer les yeux

Regarde le monde qui te regarde
Il voit de toi ce qu'il veut voir
Regarde ce monde comme il te farde
Il te regarde mais sans te voir

Regarde-le il te regarde
Il te voit comme il veut te voir
Il te regarde comme on regarde
Ce qu'on regarde sans rien y voir

Et on regarde ce que l'on voit
Sans vraiment voir ce qu'on regarde
Et on croit voir ce que l'on voit
Sans regarder ce qu'on regarde

À force de voir sans regarder
Et de regarder sans rien voir
Le monde te voit le regarder
Et ferme les yeux pour mieux te voir...

09/10/2011

Jeu de loi

Article premier du jeu de loi
Nul n'est censé être épargné
Vous pensiez avoir quelques droits
Bien vite d'avis vous changerez

Article second du même jeu
La loi est de très bon aloi
Car elle est la parole de dieu
Tant pis si vous n'y croyez pas

Article trois même jeu encore
Même les innocents sont coupables
Personne ne peut leur donner tort
On n'avoue pas l'inavouable

Article quatre pour y jouer
Venez manger passez à table
Politiquement bien installés
Donc responsables pas condamnables

Article cinq faites vos bagages
Pour des vacances bien méritées
Avec en prime quelques mirages
Nommés justice et liberté

Article six fin de partie
Vous êtes morts ou marqués à vie
Si vous jouez au jeu de loi
C'est l'état qui l'emportera…

30/08/2001

La proie

Quand la porte se referme
Le froid s'abat sur moi
Comme quand on met un terme
À la vie à ses joies

Quand la porte se referme
La solitude surgit
Et dans un souffle extrême
Me rappelle où je suis

Quand la porte se referme
Que tout se désunit
On dirait qu'on interne
L'animal que je suis

Quand la porte se referme
La nuit enfin me noie
On n'en sort pas indemne
Quand on est une proie…

22/09/2001

Le billot

J'ai mis mon doigt sur la gâchette
Et la corde autour de mon cou
Le jour où je me suis mis en tête
D'aimer d'amour et d'amour fou

Tout le monde me croit suicidaire
Comme épris d'un amour morbide
Mais à trop vivre en solitaire
La mort m'attire au bord du vide

J'ai mis ma tête sur le billot
Et j'ai hissé moi-même la lame
Le jour où j'ai rêvé tout haut
De trouver une sœur à mon âme

On me croit autodestructeur
Je sais les peurs je les devine
Mais qui devine que moi j'ai peur
Que la solitude m'assassine…

24/02/2002

Je ne sais plus

Dans la boîte fermée de ma vie
On peut retrouver par séquence
L'indifférence et le mépris
Entrecoupés par trop d'absences

Dans le puits bouché de ma vie
On imagine quand on se penche
La dérision et l'ironie
En palliatifs à mes nuits blanches

Dans les poches percées de ma vie
Il ne reste que les silences
Des cris usés et endormis
De la tristesse de mon enfance

Dans le sac fané de ma vie
Il ne subsiste que quelques branches
Dont l'amour et la poésie
Alliés pour mon unique revanche

Je ne m'appartiens plus
Je ne sais plus rien faire
Que suis-je donc devenu
À force de me taire

Je ne m'appartiens plus
Je n'ai plus rien à faire
À force d'être déçu
Je ne sais plus me taire...

27/10/2011

Oublier

Je voudrais oublier les soirs
Où trop seul je perds la mémoire
Pour ne plus subir le silence
De toute cette tristesse qui danse

Je voudrais oublier les nuits
Où se consume tout mon ennui
Pendant que je rêve de couleurs
Qui pourraient réchauffer mon coeur

Et oublier tous les matins
Matins de rien matins pour rien
Où le vent serait presque tendre
Quand il souffle sur mes rêves de cendres

Oublier aussi la mémoire
Pour ne plus avoir à revoir
Le soleil éclairer mes jours
Qui passent et repassent sans amour

Et oublier les lendemains
Aussi mauvais qu'un sale refrain
Mais rien ne change avenir maudit
Et mon ciel passe du gris au gris

Enfin je voudrais oublier
Les phrases que je viens d'exprimer
Et en composer de nouvelles
Qui témoignent que la vie est belle…

15/01/2002

Peace

20000 jeunes soldats sous la terre
Et rien n'a changé en surface
Les bottes sonnent comme elles résonnèrent
Sous les pavés de la menace

Y'a pas assez de sang impur
Au point d'abreuver les sillons
Mais y'a des hommes bien trop obscurs
Qui aiment former des bataillons

De toute façon la tyrannie
Est toujours de ceux qui s'en sortent
L'ennemi n'est pas de sa patrie
Et l'étendard la mort le porte

Y'a pas de féroces soldats
Ni dans nos campagnes ni ailleurs
Y'a que des mômes qui marchent au pas
Avec derrière leurs mères qui pleurent

Aux larmes de toutes ces Citoyennes
Ne formez plus vos bataillons
Laissez le pavot la luzerne
Pousser envahir nos sillons

20000 jeunes soldats sous la terre
Et encore tant à inhumer
Qu'au milieu de cette misère
J'ai arrêté de les compter…

25/04/2001

Quand je serai mort

Quand j'écris des poèmes c'est comme une thérapie
Dont les mots bien choisis retracent ma triste vie
Ils soignent toutes mes angoisses et mes amours déchus
J'espère qu'au moins une fois ils sauront être lus

Les mots de mes poèmes sont comme des traces de sang
Écoulés de mes veines sans le moindre mirage
Et comme une sale rengaine ils évoquent tristement
Les dégâts que j'ai fait au cours de mon passage

Et j'écris des poèmes pour mourir plus doucement
Pour laisser après moi une sorte de feuillage
Mes rimes et mes refrains seront un testament
Qui sera à jamais mon unique témoignage

J'adore quand les regards ne viennent plus jusqu'à moi
Puisque personne ne sait panser toutes mes blessures
Répands pourtant tes yeux sur ce poème si dur
Afin qu'un peu de vie laisse mon empreinte sur toi

Mais quand je serai mort c'est sur on oubliera
Même les mots s'évaporent passent de vie à trépas
Et quand je serai mort bien vite on m'oubliera
Et je verrai alors ceux qui ont cru en moi...

17/09/2001

Plus un mot

À la lame à l'acier
Qui nous coupe nous mutile
Qui transperce nos plaies
Qui saignent indélébiles

Au tranchant du rasoir
Qui glisse sur nos peaux
Couvrant de rouge ce noir
Obscurité des maux

Au glacé du métal
Qui brûle au fond des chairs
Sans jamais être fatal
Mais qui torture sévère

Au piquant du couteau
Qui dans un va et vient
Se couvre d'un manteau
Qui coule même sur les mains

Au souffle de la faux
Qu'on ne sent pas venir
Je ne dis plus un mot
Pour ne plus en souffrir…

01/07/2002

Le mime funambule

Plus un mot pour rompre le silence
Pour me faire doux ou bien violence
Plus un mot plus un son de voix
Juste te parler de toi de moi

Comme un mime funambule
Sur la corde haute et raide
J'avance et je recule
Sans qu'un cri je concède

Comme un mime noctambule
Aucun regard ne me trahit
Le vide alentour qui m'accule
Colore mon âme de noir et gris

Comme un mime somnambule
Mais conscient de ses pas
Que la vie dissimule
Sous l'apparence d'un choix

Plus un mot pour rompre le silence
Pour affronter l'intolérance
Plus un mot plus un son de voix
Juste laisser croire que c'est un droit...

13/10/2003

Place publique

Je ne veux pas croire en vos lois
En suis-je pour autant un voyou
Si je marche pas dans vos pas
Pour vous je suis perdu ou fou

Je ne veux pas croire en vos jeux
Suis-je pour autant mauvais joueur
Si je lance pas les dés par deux
Pour vous je ne suis qu'un tricheur

Je ne veux pas croire en vos causes
En suis-je pour autant dépourvu
Moi j'ai les miennes et en bonne dose
Même si pour vous je suis tordu

Je ne veux pas croire en vos dieux
En suis-je pour autant hérétique
Si c'est le cas j'en fais l'aveu
Et le crie sur la place publique...

26/08/2002

Le pire

Je me doutais du pire
Mais peut-être pas si vite
Tant pis pour l'avenir
Et pour moi que tu quittes

Tant pis pour nos projets
Tant pis pour nos voyages
Les mots doux qu'on disait
Usés avant usage

Je devrais te le dire
Au lieu de le pleurer
Mais rien ne peut servir
J'essaierai de gérer

Mon cœur lui est à vif
Suant de mille poisons
Comme autant de récifs
Où s'écrase ma raison

Mes larmes ne s'écoulent pas
Elles noient le feu violent
Qui s'agite tout en moi
Et fait mourir mon sang

Et tu vas m'oublier
Moi je ne t'oublie pas
Je vis dans le passé
Je crois encore en toi…

12/01/2002

En manque d'inspiration

En manque d'inspiration
Pas la moindre intuition
Dehors je tourne en rond
Et je perds la raison

Quand soudain «émotion»
Mon imagination
Me pousse vers la chanson
Je me lance pour de bon

«C'est une maison bleue...»
Désolé déjà pris
C'était pourtant fameux
Maxime est un génie

«Dans le port d'Amsterdam...»
Encore une qui existe
Le grand Jacques aime les dames
L'accordéon résiste

«Il suffira d'un signe...»
J'arrive toujours trop tard
L'homme en or est en ligne
Ses guenilles au placard

«Allez venez Milord...»
Cette fois-ci j'abandonne
Jolie môme c'est de l'or
Sa chaleur elle nous donne

En manque d'inspiration
Plus la moindre intuition
Je rentre à la maison
Et me fais une raison…

10/04/2009

Fais-le

Depuis ta dernière radio des poumons
Tu veux stopper cette autodestruction
En les voyant les deux noir de goudron
Ça t'a donné matière à réflexion

T'as essayé toutes sortes de solutions
Les patchs le sport et les petits bonbons
Mais rien n'agit contre cette perversion
Il ne te reste que ta motivation

À bout de souffle en haut de l'escalier
Penses à ta femme à tes gosses tant aimés
D'une heure à l'autre ton cœur peut s'arrêter
Fumer finira par t'assassiner

Alors vas-y ne te prends plus la tête
Ne provoque pas le cancer qui te guette
Sur les paquets c'est marqué en en-tête
La mort se cache dans chaque cigarette

Alors fais-le fais-le pour toi
Alors fais-le tu te dois bien ça
Alors fais-le fais-le pour toi
Alors fais-le bats-toi contre ça

Alors fais-le fais-le pour toi
Alors fais-le la vie n'attend pas
Alors fais-le fais-le pour toi
Alors fais-le ta vie dépend de toi…

28/06/2003

On

Je le sais et tu sais que jouer est facile
Et que l'on peut tricher tous les coups sont permis
Petit pincement de lèvres comme un aveu fragile
Pourquoi ne pas ruser le bonheur est ainsi

Je le sais et tu sais que tout est mascarade
Et tant pis pour tous ceux qui n'y voient que du feu
Il suffit d'un sourire et la confiance se farde
On se donne le change et on baisse les yeux

Je le sais et tu sais que la vie est théâtre
Ensemble on a joué une pièce en trois actes
On a rit sous nos masques comme des acteurs en plâtre
Tout en nous raccrochant au passé inexacte

Je le sais et tu sais que le temps nous emporte
Et nous montrons parfois l'envie de s'en sortir
Quand lassés de souffrir et de fermer nos portes
On refuse la défaite en préférant meurtrir

Je le sais et tu sais que chacun peut nier
Et se rasséréner de ses mensonges amis
Puisque la vérité ne peut l'être en entier
Elle n'est bonne à servir que passée au tamis

Je le sais et tu sais que nous sommes des pantins
Et nos égos perfides nous dirigent à leur gré
Quand le rideau baissé on s'aperçoit enfin
Que nous ne savons plus tout simplement aimer…

28/06/2011

Encore...et Encore

Je t'ai trahi sans te tromper
Tu m'as quitté sans me laisser
Je t'ai laissé sans te quitter
On s'est trompé on s'est aimé
Tu m'as laissé sans te tromper
Je t'ai trompé sans te tromper
Et tu me hais sans me quitter
On s'est trompé on s'est aimé
Et on se laisse sans se quitter
Et on se quitte sans se laisser
On s'est aimé sans se tromper
On s'est trompé on s'est aimé
Et je me trompe je perds le nord
Et je me hais encore plus fort
Mais je le dis peut-être à tort
Oui je le dis je t'aime encore...

On peut se tromper sans trahir
Et se trahir sans se tromper
Parce que rien ne joue l'avenir
On aimera se faire aimer
Et même si sans haine tu me quittes
Pour mieux me laisser me haïr
L'amour qui jamais n'en est quitte
Renaîtra pour mieux revenir
On se trompe quand on se trahit
La haine est amour trompé
De nos erreurs on sort grandit
Que si on sait les réparer
Je continue de perdre le nord
Mais aujourd'hui j'y crois très fort
Et même si tu penses que j'ai tort
Je le redis je t'aime encore…

9 et 22/11/2001

Tandem

Pour moi ce n'est plus un dilemme
Je ne conçois tout qu'en tandem
Si tu veux récolter je sème
Amène les fraises j'apporte la crème

Y'a que pour toi qu'j'ai pas la flemme
Qu'importe l'heure appelle j'me ramène
Je solutionne si t'as un blème
À l'inverse toi t'en fais de même

Si tu souffres pour moi c'est idem
Si je fonce tu dis «tu m'emmènes»
Si tu veux t'arrêter je freine
Si je veux reculer tu m'traînes

Pendant cette course on se démène
Tu cours et moi je perds haleine
Je ne peux vivre qu'en tandem
C'est écrit gros sur mon emblème

Mes nuits sont blanches par centaines
Mes pcurs de plus en plus lointaines
Il reste une place sur mon tandem
Si tu la veux viens je t'emmène…

06/05/2001

Dieu est une Femme

Elle m'apparut dans l'ombre du soir
Les cheveux longs sur sa guitare
Les mains tendues sortant du noir
Comme pour me dire il faut y croire

Lentement elle a murmuré
Des mots que j'avais enterrés
Au plus profond de mon passé
Comme pour toujours les oublier

Elle m'a chanté des airs connus
Sans église ni petit jésus
Des chansons comme on n'en fait plus
Et même les prières se sont tues

Des refrains racontant l'amour
La vie sans le moindre détour
Où le bon sens l'emporte toujours
Balayant les dialogues de sourds

Dieu est une Femme je l'ai vu pour y croire
Dieu est une Femme je voudrais la revoir
Dieu est une Femme personne ne peut y croire
Dieu est une Femme c'est mon dernier espoir

Elle est partie dans la chaleur
Me laissant un parfum de fleur
Cet arôme flotte dans la lueur
Qu'elle a allumé dans mon cœur…

22/07/2001

Kamikaze

Je suis fou d'amour d'amour fou
D'amour à mort et d'amour flou
De corps à corps fous sans tabous
Je suis fou d'amour et c'est tout

Un peu d'amour je deviens fou
Avec bien sûr en moins une case
Mais que veux-tu pour tes bisous
Je suis amoureux kamikaze

Je suis fou d'amour d'amour doux
Guedin raide dingue accroché dur
Accro d'un corps d'un cul d'un tout
Vulgaire non je dirais "nature"

Certains disent que j'en fais beaucoup
D'autres te diront que je suis nase
Moi je m'en fous pour tes bisous
Je suis amoureux kamikaze…

01/04/2002

Ceci

Ceci n'est pas parfait
Et surement ridicule
Mais c'est la vérité
Je l'assume sans scrupule

Ceci n'est pas du vent
Ni du cirage de pompes
De l'honnêteté seulement
Non je n'en ai pas honte

Ceci est un merci
Une grande reconnaissance
Un respect pour la vie
Un passeport de confiance

Ceci est un hommage
Qui tremble entre mes mains
C'est le seul héritage
D'un passé trop lointain

Ceci est pour toujours
Je n'en oublierai rien
Ça me rappelle l'amour
Merci d'être aussi bien…

18/12/2001

Plus vite que les anges

Toi qui cours plus vite que les anges
Pour échapper à tout au temps
Même si ça peut paraître étrange
Tu illumines l'instant présent

Toi qui danses au cœur de ma vie
Et dans les halos de lumière
Tu brilles dans chacunes de mes nuits
Plus que la lune ne peut le faire

Toi qui t'agites dans mes pensées
Comme un grand feu au vent léger
Une image qui veut s'animer
Une fleur qui ne peut pas faner

Toi qui te poses aux quatre vents
Te poseras-tu une fois encore
Juste pour butiner un instant
Au creux de mon cœur qui t'implore

Toi qui cours plus vite que les anges
Plus vite que quiconque ne le peut
Fais que jamais rien ne te change
Je ne vois que toi dans les cieux

Toi qui cours plus vite que les anges
Oui je t'attendrai plus d'une vie
Sans toi c'est tout qui me dérange
Près de toi le pire je l'oublie…

13/05/2001

Les aveux les plus doux

Comment lui dire ces quelques mots
Que je n'ose à peine prononcer
Cette seule pensée me rend idiot
Au point d'en demeurer bouche-bée

Comment lui dire les sentiments
Que je refuse de reconnaître
Comment dire ce que je ressens
Pourquoi laisser tout apparaître

Quand elle se tient à mes côtés
Je pourrais affronter les diables
Les démons les bêtes enragées
Je me sens fort fier et capable

Mais quand elle est en face de moi
Ses beaux yeux plongés dans les miens
Je perds tous mes moyens chaque fois
Et je ne suis plus bon à rien

Et de peur de gâcher nos rires
Et le respect qu'on a de nous
Je ne peux comme dans mes délires
Lui faire les aveux les plus doux…

25/04/2011

Se taire

Il existe une douleur
Plus forte que tous les maux
Qui vous transperce le cœur
S'infiltrant par le dos
Elle fait bien plus de mal
Que toutes les infections
Elle se propage banale
Sans aucune compassion
Elle s'installe sournoisement
Telle une belle relation
Et tue amicalement
Celui qui est trop con
Elle persiste et elle signe
Même une fois démasquée
Elle passe même pour victime
Refuse la vérité
Cette douleur de vécu
Ne m'inspire que dégoût
Fraternellement déçu
Je souffre plus que tout
Comment tourner la page
Comme si de rien n'était
Trahir est un outrage
Qui foudroie l'amitié
Comment fermer les yeux
Devant ce qui me ronge
J'étais tellement heureux
De partager tes songes
Malgré mon cœur blessé
Je sais ce qu'il faut faire
Ne plus nous côtoyer
Oublier et se taire…

05/06/2001

Les liens

Même si j'ai peur qu'on me remplace
Qu'on me laisse seul sur le côté
Un peu comme une affaire qu'on classe
Rien n'effacera notre amitié

Tous ces moments ces mêmes matins
Comme une complicité acquise
Seront j'espère encore demain
Puisque le temps n'a plus d'emprise

Même si j'ai peur des jours qui passent
Et des pièges qu'ils viennent imposer
Jamais je ne veux qu'ils délacent
Les liens que nous avons tissés

Ils doivent rester dans un écrin
La plus belle de toutes les devises
Je ne les oublierai pour rien
Ils sont un peu ma terre promise…

09/05/2011

Aussi longtemps

Parce que d'autres ont souillé mon cœur
Je me masque sous l'indifférence
Je vis ma vie sans être acteur
Et je m'enferme dans le silence
Bien caché sous ma carapace
Cette armure morte qu'est ma bouche close
Aucun sentiment ne s'efface
Mais fait à temps perdu une pause
Tu ne liras pas dans mes yeux
Tu n'entendras jamais de moi
Un seul mot qui comme un aveu
Expliquerait comment ou pourquoi
Certains liens soudainement se tissent
Sans faux-semblant ni artifice
Deviennent une entente naturelle
Une connivence ascensionnelle
Ne vouloir ni savoir quoi dire
Ne veut pas dire ne pas écrire
Les mots sont fragiles de vive-voix
Ceux-là sont à jamais pour toi
"Si les murs tout autour de toi
Sont aussi hauts qu'autour de moi
Si en plein cœur de tes nuits noires
Tu recherches l'écho d'un espoir
Si ton feu sacré s'amenuise
Si tu cherches quelqu'un qui l'attise
Et si tu veux que l'on comprenne
Avec ou sans parler tes peines
Si au réveil d'un matin gris
Tu désires l'épaule d'un ami
Alors tu la trouveras en moi
Aussi longtemps que tu voudras…"

Malgré

Malgré cette plaie qui saigne
Qui ne cicatrise pas
Malgré ces jours "gangrène"
Qui dévorent tout en moi

Malgré la déception
Le chagrin le dépit
Malgré cette sensation
De tristesse infinie

Malgré tous les "pourquoi"
Qui restent sans réponse
Malgré ce qui me noie
Vérité qui renonce

Malgré mon opinion
Et mon sale caractère
Malgré désillusion
Et puis malgré "Se taire"

Malgré tout malgré toi
Malgré tous ces "malgré"
Malgré nous malgré moi
Malgré tous ces "malgré"

"Tu me manques
Si tu savais
Tu me manques
Tant…"

11/06/2011

C'est trahir

"Oublie donc le passé
Tu es quelqu'un de bien
Oublie toutes ces années
Demain renaît demain
Oublie donc le passé
Tu es plus fort que ça
Oublie c'est dépassé
Mais sans baisser les bras
Oublie donc le passé
Tu peux y arriver
Oublie les vérités
Et retourne travailler
Oublie donc le passé
Tu n'as rien à prouver
Oublie tu peux changer
Et puis va te raser
Oublie donc le passé
Comme elle t'a oublié
Oublie c'est terminé
Il faut la remplacer…"

Merci pour vos conseils pour votre compassion
Mais moi seul peux savoir ce qui est bien pour moi
Je ne suis pas un traître j'assume mes convictions
Et si j'ai tort tant pis je ne m'en prends qu'à moi

Et puis j'ai d'autres rêves que celui d'oublier
Je veux vivre et aimer partager et écrire
Mais je ne peux le faire qu'auto-emprisonné
J'ai besoin du passé oublier c'est trahir…

30/10/2011

85

Ça

Ça vient de loin
Du fond du gouffre
Mon quotidien
Ça sent le soufre

Ça naît la nuit
Ça muse le jour
Ça meurt de vie
Ça hurle d'amour

Ça tire sur tout
Ça croit en rien
Ça griffe les joues
Ça crie des liens

Ça trompe la mort
Ça délire bien
Ça fait du tort
Ça ne fait rien

Ça chante l'horreur
Ça saute aux yeux
Ça pique l'honneur
Ça brûle les dieux

Ça taille sévère
Ça lève un doigt
Ça saigne en vers
Ça blâme les lois

Ça aime la haine
Ça pue la rage
Ça hait la peine
Ça gêne les sages

Ça fait sourire
Ça fait survivre
Ça fait mourir
Ça me fait vivre

Ça vient de loin
Morceaux de vie
Mon quotidien
Ça me décrit

Ça sent le soufre
Me passe au crible
Du fond du gouffre
Ça…C'est ma bible…

09/10/2011

Ci-gît

Et je me tue d'ardeur
Je me meurs de paresse
Je survis par erreur
Voilà ce que je laisse

"Je sais je ne suis né par aucun des deux bouts
Je suis issu de rien un simple marche-debout
Comme un genre d'arlequin un pantin ou un fou
Un fruit au goût amer un mélange de tout

Toujours "je ne sais pas" mais sachant plus que tout
De l'or dans mes mots mais souvent sans le sou
Des nerfs à vif inertes énervé mais sans force
L'élan de mes viscères m'interdit toute entorse

Et dans mon âme blessée sans sanglot ni violon
Pleure l'amour monotone d'un cœur qui en dit long
Qui cours vers l'idéal sans idées idéales
En rimes riches d'idées râles qui ressemblent à que dalle

Je n'ai jamais été mais chaque fois revenu
Me retrouvant partout comme un soleil perdu
Un triste artiste sans art qui s'écrie à l'envers
Philosophe avec tort qui écrit de travers

Je suis un drôle sérieux qui sourit mais pas drôle
Un acteur sourd en tôle qui ne sait pas son rôle
Un peintre à temps perdu qui joue de la trompette
Un musicien vendu accro à sa palette

Avec une tête qui pleure mais qui n'a pas de tête
Trop fou pour être honnête sans savoir être bête
Je ne vis que de mots et de phrases en option
Mais vers faux sonnent trop tôt mais sont mes émotions

Coloriste engagé devant mon image blême
Incompris par les autres et surtout par moi-même
Je pleure les mots qu'il faut qu'ils soient justes ou trop faux
Et je suis par défaut un juste qui sourit faux

Je ne suis pas quelqu'un encore moins quelque chose
Mon état naturel n'inspire que l'overdose
Je n'aime pas me pauser mais pose en vice unique
Naïf unique sans vice imprégné de Sinik

Certains m'ont cuit trop cru mon âme n'a pas de croix
Je ne ressemble à rien si ce n'est rien qu'à moi
Je m'amuse de l'ennui je flâne à la dérive
Je m'en réveille la nuit j'aperçois l'autre rive

Peut-être un peu trop moi pour pouvoir me suffire
Mon esprit est à sec comme une source à tarir
Je fini mon parcours comme un vieux bateau ivre
Je vais tout simplement entre vivre et survivre"

Ci-gît un cœur sans cœur
Une semence mal semée
Un arôme sans odeur
Qui vécu pour aimer…

27/05/2011

Comment vous dire

Les années ont passé
Vous avez bien grandi
Petites puces du passé
Devenues belles jeunes filles

Mais aujourd'hui encore
Vous dansez sur mon cœur
Une ronde d'amour et d'or
Qui m'enivre de bonheur

Bien plus que le diamant
Bien plus que la lumière
Votre éclat est brillant
Votre joie me libère

J'aurais aimé faire plus
J'aurais aimé faire mieux
Cette vie de montagnes russes
C'est ma faute je m'en veux

Je suis un père enfant
Parents à temps complet
Pas toujours très présent
Caché derrière mes "ouais"

Je vous regarde de loin
Je vous comprends de près
Parfois je serre les poings
Je m'inquiète pour de vrai

Comment vous dire d'abord
Sans fard ni faire semblant
Que la suite je l'ignore
J'appréhende lentement

Comment vous dire encore
En rime ou en tremblant
Que demain va éclore
Sur une page peinte en blanc

Comment vous dire alors
Que malgré le présent
Votre père sera fort
Et vous aime pour tout le temps…

09/10/2011

Liste des textes